# LES DIMENSIONS INCERTAINES #0

# Impérities

AF137426

## Dédicace

"C'est parce que certaines pages de ce présent ouvrage me semblent conduites d'une main diabolique, errante, incertaine et pourtant bien précise dans sa haine que je ne le dédie à personne.

De cette façon, les Êtres que j'aime, en recherchant leur trace au travers de ces lignes, ne me tiendront jamais rigueur de n'y trouver que l'empreinte du mal."

# Impérities

## LES DIMENSIONS INCERTAINES #0

### OUVERTURE

Là où la raison n'a plus sa place,
dans un univers troublant et perturbé,
les visions du futur s'emmêleront au passé
pour donner vie à nos pires cauchemars
et enclencher notre destruction

…

…

L'Avenir naquit ici,
dans le tumulte des Impérities

# PREMIÈRE PARTIE

# Les abysses de l'âme

Certains d'entre nous
ne sont que de passage.

Certains d'entre nous
ne vivent que le temps d'une page.

**IL EST DES MOTS** qui blessent,
il est des mots qui tuent.

Il est des mots caresses
et des mots vertus.

Il est **DES MAUX SANS FIN**
et d'autres trop pointus.

Il est des mots qu'on craint
*et puis ceux qu'on ne dit plus...*

# Exorde

Toi, qui découvres ces pages,
laisses derrière toi
     tout souvenir, toutes images,
de beauté ou d'espoir.
     Ce lieu n'est point l'enfer,
mais il en côtoie
     les cercles amers.
Ce lieu n'est que souffrance,
     haine, guerre ;
dans certaines contrées,
     on le nomme Univers.
À présent, pour toi
     il va livrer son trépas,
ses secrets, ses combats,
     emplissant ta vue d'une nausée,
dont jamais, tu ne te remettras,
     quels que soient tes regrets.


Ainsi, soit prévenu mortel,
     qu'en ce fiel,
on ne souhaite la bienvenue,
     qu'à ceux qui ne sont plus
et pénètre,
     si le courage t'est encore vertu,
dans cet espace,
     qui ne t'es que trop connu.

# Préambule I

Au cœur d'une nuit sinistre,
une ville morbide, triste,
se dresse languissante.
Un homme parmi les ombres,
dévoile d'une flamme un visage sombre
aux pensées absentes.

*L'effroi,*
en ses traits rapidement dessinés,
devient panique.
*L'hystérie,*
prend forme dans sa fuite.
Un cri perçant l'avertit
qu'il peut compter ses instants…
Le rapace fond sur sa proie et
**SONNE SON GLAS.**

Un loup de Tasmanie semble déjà,
de cette silhouette,
extraire au choix, les parties les plus chères,
la peau, les cheveux,
qu'il vendra au marché,
comme on vend les vieux.
Un sourire démoniaque éclaire les deux acolytes
qui dans cette obscure débâcle cynique
entendent déjà résonner,
les pas de leur prochain gibier.

# Préambule II

D'une sinistre plainte s'élève,
l'infante défunte, Ève.

Sur le pavé, ses yeux étendus
contemplent avec désolation
sa silhouette à moitié nue,
parcourue de frissons.

En peu de temps s'éteignent les joyaux
et la femme telle la fleur brisée
maudit un corps qu'elle savait beau.

# Préambule III

Loin de la terre
et ses hôtes amers,
le corps lacéré de pensées adultères,
on peut aller, en quelques années-lumière,
planter des clous
ou tout autre tabou,
dans la pomme
d'une main,
d'un pied, ou bien
percer le sein,
d'un crucifié aux
origines très lointaines
et dont la fin est *encore incertaine...*

# Satan

L'ensemble de vie et de mort
se détache lentement du décor.

> Des lambeaux de chaires déchirées
> errent dans cette nuit sans étoile.

Au centre se dresse l'astre,
distinction infâme,
où siègent les maîtres de nos âmes.

> Les êtres aux faces d'anges
> perdirent peu à peu leurs ailes,
> quand soudain surgit de la fange,
> un démon déchira le ciel.

Sa silhouette émaciée
engendra terreur, respect ou rage,
Satan l'ultime démon,
prenait place à la table des sages...

# Sang

Sang, sang, sang. Sang.
Tant de sang si oppressant,
de rouge et de sillons, de froid et de frissons.
Tant d'images, de mouvements inanimés,
pour qui ne sait plus, regarder sans la vue.
Tant de silences angoissants, à se glacer le sang,
lorsque se pose fixement la froideur du néant.
Pas le moindre bruit, le moindre battement,
juste ce sinistre et perpétuel grincement,
le ciel est fade, mon humeur macabre.

# Etoile filante

À chaque fragment d'étoile filante qui a quitté mon ciel,
je me suis échoué, sacrifiant mes ailes,
à cette déesse sans nom, vivante, bien qu'irréelle,
qu'est la seconde, constante et fidèle.

Les yeux de la nuit se sont ouverts puis refermés,
empreints de rêves, d'amours violemment brisés,
laissant régner ténèbres et obscurité
dans une tête triste et dénudée.

Poussière hors du temps, perdu dans le prolongement du vent,
tourbillonnant sans fin entre l'infini et le néant.
Incantation ou prière magique, secte par trop souvent mystique,
la seconde n'a de cesse d'avancer, inlassablement m'user.

Fatale et incontournable, elle rend l'éternité minable, même
si elle n'existe à nos yeux, que l'espace d'un instant : son dieu.

# Romance : LES SENTIERS DE MON ÂME

La nuit renferme des pensées brèves et anathèmes,
quand rien ne naît plus de la lumière,
qu'un nouveau jour cendre et poussière,
dans un désert aux nuances haines.

Orage, hôte du désespoir,
anthropophage, friand de mes déboires,
je noie ma peine et mon regard,
dans ton sillage noir.

De l'avenue des étoiles aux sentiers de mon âme,
lentement se dévoile, la sombre origine de ce drame.

La lune, si proche et si lointaine,
devient une danse aux manifestations malsaines.
Les larmes du ciel couvrent de sanglots,
un cachot froid comme un caveau.

Les images passent, se déchaînent,
la vie idiote, têtue
s'obstine à courir dans des veines,
où tout rêve s'est tu.

Les hier et les demain si sûrs d'incertain,
exhument un passé sans pudeur, fierté du vilain.
L'avenir vient des erreurs, mais jusqu'à quel point
vit-on d'insensé, en n'attendant plus rien.

De l'avenue des étoiles aux sentiers de mon âme,
lentement se dévoile la sombre origine de ce drame.

Un poète se sublime dans la ruine,
mais que vienne la joie et il perd ses rimes.
Le mal, c'est déjà d'y penser,
il est trop tard pour tout changer.

De l'avenue des étoiles
                    *aux sentiers de mon âme,*
maintenant cendres et larmes
                    *nourrissent ma vie, **mon drame**...*

# Schlang, schlang, schlang,

Ma montre est en panne.

*Schlang, schlang, schlang.*

Seules les secondes poursuivent leur course,
insensibles aux minutes qui se heurtent tel Sisyphe,
à un obstacle invisible, invincible,
martelant l'espace de ce bruit sourd,

*schlang, schlang, schlang.*

Tel l'aveugle conversant avec le néant,
je fixe cette débâcle dont l'unique objectif
est l'usure de la pile.

L'homme en ce sens n'est donc pas si éloigné
de l'absurde logique de cette mécanique.

Il refait sans fin ce même chemin,
qui ne le mène à rien,

*en attendant l'usure de sa raison.*

Le vent souffle,    souffle,
            souffle.

Il souffle et pousse,    pousse,
            pousse.

un soleil fade, fatigué,
vers la triste fin de sa journée.

Le sombre dessin s'empreint de noir,
les jours aussi deviennent des soirs.

   De rosé, l'astre s'éteint rougeâtre,

d'un sang pourpre et écarlate,
sur sa face les ombres se répandent,
semblables aux miennes, à s'y méprendre.
Tout semble fini à présent,
mais jaillissant de l'asphalte,
encensée par la débâcle,
elle me mugit lentement :
I wish you were DEAD
DEAD I wish you were

Et comme la nuit précédente,
oppressante, l'absente,
à l'horizon vient danser.
Tristement, là, comme hier,
s'enclenchent les pales de l'enfer.
Je suis pris au piège et je meurs,
dans les toiles de l'araignée qui pleure.
Ensemble disjoint, empire de mort,
je cède à la tourmente
des voiles velues du remords.
De cette succession de vide et de rien,
où s'entremêlent sans fin mes liens,
chaque soir, ressurgit mon bourreau,
masquant l'horreur de son métier,
comme je me masque la vérité.

*Et sans plus aucune réticence,*
*je m'ancre aux longs fils de lumière,*
*sur lesquels la pauvre bête se balance,*
*espérant que cette nuit soit la dernière...*

#  Le Spasme du Noyé

*Petite coccinelle, bête à Bon-Dieux,*
*vole à tire-d'aile, haut dans les cieux.*

Croire en la mort allège le poids de la vie.
Les libellules, en deuil, se pâment de désir.
Les lendemains sont tous des aujourd'hui,
fragiles insectes, pensées surettes…

La nuit chantonne mélancolique,
le non-vivant, dieu frénétique.
La lune fade aux gouttes de feu,
amphore de jade, est-ce qu'il pleut ?

Le poète à la rivière jette les pierres de son chagrin,
espérant de l'hiver tant l'aube que la fin.
**Tout commence là où tout finit,**
**et la mort continue la vie.**

Les faces, à la surface de l'atoll,
renaissent de glace, frivole.
Le prince des vaudous
ouvre des yeux de hibou.

De grands yeux glauques et figés,
ou sans émoi vient se loger,
*de retour de l'empire du mourir,*
*le néant, gardien du plus finir.*

Doux paysage impassible aux multiples reflets d'espoir,
comme tes profondeurs intangibles se délectent de la venue du soir.
Ridicule et grotesque est ta funèbre arabesque,
qui tourne, s'envole, mon esprit, comme une folle.

Les morts rôdent hébétés et leur noyade absurde m'entraîne,
sciemment je m'abandonne, seul, à l'immensité, glauque, veule.
La vague de corps gluant m'attrape et je cède en toute hâte,
à cet ondin perfide, qui me dévore voluptueusement.

*L'instant passé exulte.*
Des lambeaux de chair décomposée viennent enlacer mon corps
meurtri, alors qu'une âme souillée lentement salit l'âpre et verte
sérénité de cette lethée, où, aujourd'hui, je viens me noyer.

*Danse, danse,* monstre éminence ;
de transes l'univers, dans tes chaînes s'emprisonne,
lorsque l'horloge, elle-même,
répand ma lente démence.

*Les voix, voix, voix, d'effroi,*
me pénètrent, m'envahissent,
quand le sol se dérobe sous mes pas.
Des robes et des jupons s'envolent
en une mystérieuse farandole.
Fille de gargouilles désarticulées
qui s'embrasent et meurent à mes pieds.
*Je cède, cède, cède, loin*
dans cette lande aux faces blêmes,
à de tristes visages, d'humaines.

Un susurrement se love en mes poumons,
*enclos, enclos, étau, échos,*
*à l'eau, assaut, trop tôt.*

Elles se chassent, s'évadent, s'effacent,
froides, fugaces, glaces,
l'odeur du soufre, chavire, exulte.

*Elles veulent ma chute,*
*mon dernier souffle.*

L'omniprésence d'une telle débâcle
me laisse en l'âme une douleur âcre.

Les bulles blanches et étanches  de cette agonie sans cri,
s'élèvent alors dans l'infini de profondeurs immenses.

Est-ce la fin ?
Ton souhait.
Mon destin ?
Qui sait.

Je me noie apathique
dans un flot de pourparlers aquatiques.
*Enclos, cachot, enclos, caveau...*
Cette frénésie cadavérique
n'est qu'un prélude spasmodique.

*Enclos, cachot, enclos, caveau...*
*Enclos, cachot, enclos, caveau...*

# Encore une fois, encore un jour.

Encore un jour sans rien autour.
Encore une fois, juste une fois.
Encore un matin chagrin.
Encore un matin sans rien.

*Tout noir. Pénombre devient si sombre,*
*dans la fraîcheur d'une ombre, quand vient le soir...*

Le sang n'irrigue plus, le flou brouille la vue,
lorsque l'encre se fige, tout s'enlise.
Déjà vécu, déjà fait, bien souvent trop surfait,
trop salé, inutile, familier du regret.
Comme toutes ses nuits, tous ces hier,
juste cette vie sombre, atrabilaire.
Encore cette pluie, encore ce vent.
Toujours ces cris intérieurement.
Témoignage mal perçu, dénigré par l'abus,
des traits d'un visage tremblotant.
**Les prisons n'ont pas toutes des barreaux,**
**on emprisonne très bien avec des mots.**

Encore ces larmes sur les carreaux,
qui coulent dans l'ombre des rideaux.
Encore ce hurlement lointain,
qui semble parfois être le mien.
Encore ces râles sanglants du vent,
comme de pâles gémissements d'enfants.

Images brèves sans importance
simple question d'accoutumance.
La respiration devient plus difficile,
la vague prend source dans mes cils.
Plus possible de penser, froid, oppressé,
il pèse sur ma poitrine,
l'empreinte de la déprime.

*La pluie, encore une fois encore un jour.*
*Encore une fois, encore, toujours.*
Encore ce poids dans les pensées,
qui fait si mal à respirer.
Dehors on sonne un enterrement.
Les cloches figées me percent les tympans,
cette lassitude n'est pas le sommeil.
Des gouttes de sueur perlent sur mon front
et la fraîcheur devient glaçon.
Je transpire, mais meurs de froid.
Encore et toujours cet effroi.

*Et toujours cette musique mystique,*
*qui s'accélère et prend la fuite.*
*Cette musique sourde en ma poitrine,*
*triste, aux couleurs d'hémoglobine.*

*Encore une fois, la vie en moi.*
*Encore une fois, encore un jour.*
*Encore une fois de retour,*
*encore une fois, encore un jour.*
*Encore. Encore et comme toujours.*

Le soleil brille, les gens sont gais.

L'air frais.

Le ciel est bleu, bronzages heureux.

Brumeux.

Les oiseaux chantent, il fait beau.

Trop chaud.

L'atmosphère est oppressante, lourde.

Sourde.

Tous ces gens qui défilent devant moi.

Pourquoi ?

Ils se dévoilent tour à tour.

Retour.

J'entends lentement ses pas, CURVA

Senteurs printanières, jolies fleurs.

Malheur.

Roses aux doux parfums suaves.

Ravage.

Ma vue se brouille par la chaleur.

Torpeur.

Les enfants hurlent de joie.

Pas moi.

Il n'y a plus rien à faire.

Prières.

Lentement, le soir va tomber.

Pitié.

Il vient m'emporter cette fois... CURVA.

# Silence

**Silence**, tout est souffle.

Que fait cette mouche ?

**Prudence**.

Elle tourne et virevolte sur ma bouche.

Je la sens maintenant qui me touche.

Je sais qu'elle va y entrer.

Mais comment l'en empêcher,

mes bras inertes restent cloués.

Je ne sens plus mes yeux se fermer.

Elle ressort, l'endroit ne lui plaît pas,

elle vient d'effleurer mes doigts.

Il me serait aisé de la chasser…

Si seulement je pouvais bouger.

**Étrange**, qu'elle m'ait choisi parmi les autres,

cet étalage de chair qui se vautre.

**Démange**. J'aimerais l'attraper, la tuer.

c'est ma paix qu'elle veut troubler.

Cette bruyante débauche funeste

rend ma présence en ce lieu, immorale.

car tout autour déjà, ces êtres empestent

et elle, inlassablement, repasse, m'agace,

choisissant son endroit, sa place.

Enfin, la voilà qui s'installe.

Elle opte pour la voie nasale.

Elle va y répandre sa progéniture,

**je sens déjà la pourriture.**


Mais c'est de moi que l'odeur émane.

**De ce corps, ce cadavre… De mon âme.**

# Ballade funéraire Curva
## ou l'empreinte de Curva

Quand se couvre
d'un bruit sourd,
l'éclat d'une fenêtre,
qui s'ouvre avec fracas,
où s'amassent les squelettes.
Quand le temps, impotent,
dévore ses propres enfants,
qui se lovent en serpent,
rocailleux et saillant.
Quand l'aveugle mendie
de son sens meurtri.
que le pauvre frémit
dans son maudit taudis,
qu'il n'a même plus de lit
ne serait-ce que pour rêver,
à ceux qui savent si bien
s'habiller et penser.

Quand il ne semble plus rien
que d'infinis matins.
Que des vieux qui se plaignent
de leurs douleurs anciennes,
de leurs douleurs ou peines,
c'est du pareil au même,
quand on est un pantin,
empreint de purin.

Quand l'envie de la mort
est plus forte que la vie.
Que le venin sans remord,
vous fait dire tant pis.
Quand revient l'incessant
tournoiement funéraire,
d'une ballade indécente
aux opuscules amers.

Quand le ciel se fait lourd,
et d'une violence austère.

Quand il n'est que souffrance
en crépuscule de misère.

Quand il n'est que la vie
pour vous transpercer le sein.

Quand ne finit le destin
que pour mieux reprendre demain.

# CURVA

        mord, me libère
    et las,
  enfin,
    à la vie,
      je reviens.

Encore flamboyante au passage du seuil,
elle n'est plus maintenant, misérable feuille,
qu'ainsi prête à tomber.

Blessé cruellement par le dard du soleil,
il va s'effondrer dans le désert.
Encore quelques heures et il quittera cette terre.

Les ailes embourbées dans la marée noire,
il n'a plus de blanc que le regard.
Le poison ne se lasse de tuer.

Du haut de sa chaise, prêt à sauter,
à son cou la corde est bien serrée,
dans quelques instants, il aura fini d'errer.

Les bras pendants, rouges de son sang,
elle revoit sa vie mélancoliquement,
le pire est déjà passé, murmurent deux bouches sur ses poignets.

La balle heurta violemment la poitrine,
Dieu n'est pas vraiment la meilleure médecine,
mourir pour défendre un foulard, apporte-t-il la gloire ?

Bien haut sur son rocher, à la rivière,
elle jette les pierres de son chagrin.
Un simple pas en arrière et elle pourrait revenir demain.

Enfant de la tempête, des épines plein la tête,
ce monde maudit n'est plus sa patrie,

au diable les chants obsolètes,
règne la haine quand vient l'oubli.

Tous patiemment ils attendent, brisés,
parce qu'un conte de fées peut aussi finir mal,
que tout parfois expire le mot "fatal".

En chacun d'eux, elle est déjà, victorieuse, avec fracas.
L'espoir n'est pas de son ressort,
communément, on l'appelle MORT

## Fatalitas

# Monologue posthume

Viennent les feuilles,
sonne l'ombre.
La nuit te pleure

**Qui porte le deuil ?**
Pas les fleurs,
sur ta tombe.

On n'arrête pas la course du ruisseau,
le printemps vaincra toujours l'hiver,
mais le ciel succombe à la nuit

Parce qu'une croix pèse sur un roseau,
une pierre est seule dans un désert
et rien ne retient la pluie.

*pour André*

---

# Esprits du soir... espoir

Souvenirs amers, triste frontière,
qui un jour où l'autre,
emporte les nôtres.

**Ils chantent,**
comme ils étaient de leur vivant.

**Ils écoutent,**
vos faux sourires, faux semblants.

Partis hier, ou aujourd'hui,
sortis à jamais de vos vies.
Ils n'oublient pas, malgré le temps.

**Ils viennent à moi toutes les nuits,**
ces absents qui vous manquent tant.


## Les amants mortes

Prisonnière de ton lit,
la tumeur te détruit.
Il est arrivé trop tard,
il faisait déjà noir.

Les médecins excités,
n'ont pu diagnostiquer.
Ils l'ont laissé dans le couloir,
broyant ces idées noires.

On t'avait emmenée,
plus tôt, dans la soirée.
Il n'était pas rentré.
Envie de tout quitter,
Blues du garçon gâté,
il a tout oublié.
Il ne pense plus qu'à toi,
à ce lit blanc et froid,
de l'autre côté d'un carreau rayé.
La nuit se fera longue et triste.

**Les chemins ne sont parfois que des pistes.**
La douleur seule n'entraîne la mort,
il comprend quel était son tort.

Juste un instant, il pourra entrer,
enfin te toucher, toute glacée.
Tu ne pourras plus parler,
mais tu n'aurais pas eu raison.

Il posera ses lèvres sur ton front,
espérant à peine ton pardon.

# Le Paradis perdu

Le gigueux gueux
se laisse aller à divaguer.
*Marche, marche, marche.*
À ta perte va et cours,
avant que ne t'arrache
la vie d'un nouveau jour.

Troubadour, semeur de chansons,
il va épars aux quatre saisons
répandre les chants de nos phobies,
cette source d'inspiration infinie.

*Haut. Haut, bien haut,*
laissez voler l'oiseau,
laissez s'évanouir l'âme du poète,
**LAISSEZ-LE MOURIR, PUIS RENAÎTRE.**

Le temps semble oublier l'angoisse qui le ronge,
il danse et erre dans ce désert,
où la mort dans ses rites amers,
convie les âmes à cœurs de songe.

Spectre sans repos,
corps sans tombeau,
sans fin, il parcourt son destin.
"Plus rien ne te mène à rien",
lui crie l'immonde vautour,
qui, telle cette masse qui gronde,
lui obstrue l'entrée de sa tombe.

*Haut. Haut, bien haut,*
laissez voler l'oiseau,
laissez s'évanouir l'âme du poète,
**LAISSEZ-MOI MOURIR, PUIS RENAÎTRE.**

# Rien, n'est éternel

Il regarde les oiseaux,
les imagine sans aile,
et dans un soubresaut...
**Rien n'est éternel.**

Regarder le ciel avec nostalgie,
survoler les plaines, sans bruit;
Lorsque l'horizon s'éloigne,
en un instant il plane.
Il vit comme s'il rêvait,
libre de tous ses actes,
et bien plus près d'être parfait
que ces semblables de débâcle.

Il regarde les oiseaux,
les imagine sans ailes,
et dans un soubresaut :
**Rien n'est éternel...**

# Bon appétit

Appétissant,
comme un repas trop crémeux,
le ciel semble se noyer dans un lit laiteux.
L'astre emprisonné vient de sombrer,
impossible de l'arraisonner.
Quelques filets de lueurs opaques
parviennent à fendre la chevelure compacte.
L'or des jours d'été à disparu,
Phébus, figé, ne luit plus.
**IL SOMBRE** sous la masse profonde
qui l'engloutit, telle une tombe.
Perdant toute image de puissance,
il ne reste de lui qu'une glauque substance.
Une figurine fantomatique,
un corps sans énergie cosmique,
une enveloppe vide, sans surprise,
glacée, comme la banquise.
*Ce monde à donc aussi sa dépression,*
mais ai-je le droit d'y comparer les scissions
qui naissent en moi, misérable à cet instant,
devant ces feux agonisants.

# Son Monde

Les mots s'enchaînent, sans faim.
La confiance et l'amour, ennemis sont les pires.
Mes mots sans chaîne, sans fin,
ne savent plus que dire.

*Je rejoins ce monde,*
*je rejoins son monde,*
*je rejoins mon monde.*

Cadavre exquis n'aspirant
qu'à un ultime néant,
je rejoins ce monde
où seule féconde
est l'outre tombe.

## Délyrance

Les heures s'avancent, d'un long silence,
l'immense encense ses confidences.

Il fut un temps où fier de vers,
j'allais, pédant, conter l'enfer.
D'un jeu qui n'en était déjà plus un,
je faisais art, comme on fait sien...
Pour rien.
L'aisance d'une plume
au clair de lune
est-elle une arme,
en faut-il une ?
Pour saisir ce qui d'évidence
est acquis à toute démence.

Mon heure s'avance, d'un long silence,
l'immense encense ma délyrance.

# Complainte de l'Ange déchu

Prières, en l'attente d'un refuge.
Incantation au déluge.
L'amour tonne, la mort chantonne,
le promeneur déraisonne.

L'enfance surette, d'espérances désuètes,
berce l'illusion de cette morbide chanson.
La flèche, engravée dans un cœur suranné,
s'égare en chemin quand frappe le surfin surin.

Les yeux dépourvus des sanglots d'une âme rance,
finis ta vie quand vient l'indifférence
et chantes **LA COMPLAINTE DE L'ANGE DÉCHU.**
**LA COMPLAINTE DE L'ANGE DÉCHU**

# Deal

La nuit est venue, sur le pavé sans retenue,
vient se répandre blême et glauque, l'absence de mon hôte.
Emprunt de routine et de désespoir,
un être s'éprend de tristes égards et tel de milliers d'autres
en ce bagne, *je vends à la gloire, mon âme.*
Le vilain de ses mains, me transperce le sein. Jouissif est son
geste cadavérique, le **non-mort s'agite** d'un rire sadique,
tout heureux de m'avoir trompé, il s'empresse de me dicter,
*cette vie nouvelle qu'il m'adresse, d'absence et de détresse,*
**DE LIAISONS SANS MAÎTRESSE.**

# VIDE

Vide,
je perds mes sens,
la nuit frigide
boit mon essence
et je me vide.
*Étrange homicide.*
D'où vient l'absence,
souffle le vent
de mes printemps
quand je me vide.

Vide,
je perds mes sens,
la nuit frigide
boit mon essence
et je me vide.
**ETRANGE HOMICIDE.**

# AS COLD IF YOU'RE DEAD

*Disparaître*,
dans une nuit sans aube.
Disparaître,
l'indécence est sobre.
*Tomber,*
comme le ciel déverse.
Tomber,
tous nos morts en averse.

*Heurter,*
les portes sans cloison.
Heurter,
les chemins clos de nos raisons.
*Maudire,*
tel un damné s'immole.
Maudire,
comme d'autres se désolent.
*Puis mourir,*
and go, go, go,
froid, amer.
as cold if you're dead.
*Oui mourir,*
yes, go, go, go
dans de douces chimères.
loosing consciousness, loosing head.
*Ambition,*
privilège du méprisable.
Push me with your tongue.
Ambition,
destructrice, irremplaçable.
*Numb with cold in twin's song.*

# Surfinte union

Le châle de l'hiver
recouvre tes paupières.
Un souffle glacé.
Empreinte du baiser.
Il est trop tard...

Le poison te pénètre.
La langue, de son dard,
explore tout ton Être.

Le poignard se retire.
Tu frémis, il soupire.
Son extase était grande
et ton corps son offrande.

Le sang ruisselle, se fige sur sa bouche.
Son désir morbide te déchire, quand,
ton flanc sanglant s'érige dans sa couche.
Assouvissement sadique et dément.

La lave, éruptive, te transperce de toutes parts.
L'érudite érectile rougit cruellement ton regard.

La surfaite ingénue
voit en ce dernier client,
souiller son nu,
d'âcres tremblements.

Des plaisirs charnels
qui embrasaient son cœur,
elle reviendra sans dentelles,
accablée de malheur.

Pauvre petite Penny Kiss,
seule sous les draps, cette fois, le froid se glisse,
seule sous les draps, **dans les bras du trépas.**

# Sirènes

Revenir des morts, au retour de l'aube,
percevoir à tord, un monde autre
dont on franchit le seuil sans vie,
aux détours d'un deuil, d'une folie.

Dans quelle mesure de démesure
errons-nous, incertains, si certains
d'un néant qui n'est moins que plus sûr
aux frontières de nos succincts besoins.

Nul n'ira plus aux confins du séjour
que l'on nomme aventure d'amour.
Nul ne niera plus du destin, voir le jour
qui maintenant passe son tour.

Tomber, tomber lambeaux d'asphaltes,
nos âmes putrides, en vous exaltes.
Quand tout fou le camp
seul reste le présent.

*Joyeux noël pataudes sirènes,*
*toute existence est maintenant vaine.*

# DÉLIQUESCENCE

Chaleurs d'été, soleils printaniers;
cheveux bruns, cheveux châtains,
jolies frimousses blondes, astres échappés de l'ombre.
Les passants sont de sortie, que ce soit ici ou à Paris.

Yeux verts, cendres, bleus ou marrons,
chimères, mystérieux, de la passion;
tous ces gens défilent, en quête de victimes.
La saison est arrivée où l'on fait semblant d'aimer.
**Mais les enfants jouent dans la rue**
**et ce qu'ils disent est vrai, même si c'est cru.**

# Il était...

Il était une fois, ou bien, je ne sais pas,
un petit poète qui revenait à la vie.
Il était une fois, est-ce bien ce jour-là ?
un petit artiste qui revêtait la nuit
un triste manteau... Maquillé d'oubli.
Il était une fois... Est-ce possible à présent,
silencieux feux follets, de m'offrir ce néant ?

# QUESTION DE DESTIN

La nuit silence, à travers toi
rejoint l'absence dans ton combat.
Des jours immenses tu banniras
les transes intenses des âmes sans foi.
Aucune chance d'entendre ta voix
la délivrance, seul, le mort l'a.
La nuit silence te bannira,
des jours immenses, des âmes sans foi.
Aucune chance dans ton combat,
**TA DÉLIVRANCE, SEUL, LE MORT L'A.**

# sans titre

My god is dead tonight,
there is neither sun nor light,
anything else that a rain of tears
and this complain, like a song of fear.
I lose my time with this nobody's eyes
I wish the sky but the rain say "he's mine !".
I want to kill, i want to hurt, my head again burst
in a momentary laps of sunshine
***I saw a heart and I cried.***

# Perdre

Perdre son temps,
en s'abandonnant au vent,
perdre sa vie,
en recherchant l'oubli.
Muraille d'épines,
de verres concassés,
triste routine
d'une quête sans pitié.
Perdre la mémoire,
de ce que l'on avait usage d'être.
Étouffant le brouillard,
prémice de mes requêtes.
Perdre est une fatalité,
présences de nos réalités,
mais ***perdre le fil de la vie,***
***n'est que le début de la folie.***

# DEUXIÈME PARTIE

# Entre le ciel
# Monts et Merveilles

**Monsieur n'importe qui**,
n'est pas quelqu'un.

Monsieur n'importe qui,
naît le matin

et puis quand vient la nuit, lentement s'éteint.

Monsieur n'importe qui,
n'a pas d'enfant,

il n'est de femme pour lui
qu'en souvenir blessant.

Monsieur n'importe qui,
meurt n'importe quand,

ou perd parfois l'esprit,
comme d'autres vont perdent leur temps.

# MERRY CHRISTMAS

Le ciel s'obombre, lentement,
sans bruit
et l'univers dans cette pénombre
le suit.

Puisqu'il n'est rien en ce monde dérisoire
qui porte encore le nom d'espoir,
tout va s'éteindre jusqu'à demain.

Tout sauf cette chaleur en mon sein.
Certains festoient, d'autres s'enfuient,
rêves et cauchemars rythment la nuit.

La vie chancelle comme une chandelle,
dans la chapelle on chante Noël,
mais je ne peux pas croire en Dieux,
ensemble on pourrait faire bien mieux.

Au-delà de ta mort, les souvenirs m'invitent
à prendre place en ce site, où s'abritent
mille et une images d'un passé cynique.

Une place à tes côtés,
qui pourrait m'apporter,
si ce n'est la paix, du moins l'éternité,
d'à travers quelqu'un me sentir aimer.

# Sophie s'enfuit

Les esprits du ciel
se donnent en concert.
Les arbres se dressent
et applaudissent en vers
cette foule dont l'ivresse
accentue la détresse.

Lettres anodines
d'un expéditeur anonyme.
Sophie s'enfuit… Reste la vie.

Les champs se couvrent lentement de blé.
Mais la mort n'est pas la seule à faucher.
Ainsi, assis, sans bruit, s'écoule la nuit.
Un vol d'aquarelle rouge, d'égarement recouvre
les secrets inavoués d'un chevet délaissé.

*"Que deviendrai-je si je ne peux plus t'aimer ?"*
Une fleur s'envole pour Bagatelle.
Et dans le souvenir de ses yeux miel
un atoll se soûle de songes fanés.

Alors, dans un coucher d'amour rosé
on vient saluer l'âme distillée
du mendiant qui noya sa vie
comme sa Sophie s'enfuit.

# VISAGES MULTIPLES

A toutes ces pensées loin du temps.
Toutes ces choses que l'on ressent,
qui naissent des rêves,
qui hantent les nuits...

A toutes ces phrases que l'on tait.
Tous ces regards qui font vrai,
qu'on laisse aux rêves,
qu'on traîne la nuit,
*l'amour donne vie.*

A toutes ces fleurs qui flétrissent.
Tous ces visages qui ne sourient,
qui naissent parfois,
qui hantent sans bruit,
*l'amour rend vie.*

Mais pour tous ceux qui jouent,
qui rient;
tous ceux qu'une flamme puissante
emplit,
qui espèrent encore en
l'oubli,
qui croient en elle ou en lui,
l'amour détruit...
## L'AMOUR DÉTRUIT.

# Entre le ciel
# Monts et Merveilles

MONTS ET MERDEILLES

Entre le ciel
Monts et Merveilles

*Bien au-delà du ciel, là où le songe se fait rêve,*
*une prière se dessine sur des lèvres.*
*Entre le ciel, monts et merveilles...*

Depuis déjà bien trop longtemps,
est mort un homme craint des plus grands ;
est mort un esprit plus qu'un roi...
C'est mieux que de vivre sans savoir pourquoi.

Cendre d'écume. Poussière de lune.
Il pousse dans le ciel, mille fausses merveilles.
Lueurs d'azur. Douleurs, brûlures.
Prendre conscience de son passé
n'est pas y remédier.

Un fatras, fat et fatidique
s'agite de vers hystériques
semant discorde et larmes de fond
dans des pensées hors saison.

La nuit pourchasse le soleil
et l'angoisse chasse le sommeil.
L'introspection est une prison,
qui défie lois et raisons.

---

Le monde est blessé profondément,
d'une humanité qui voit trop grand.
Les gens ne savent plus vivre
sans hypocrisie ni faux sourires.

La vie est un courant qui suit son cours ;
mon cœur, un miroir sans cadre autour.

Toutes les guerres sont des religions,
Quel dogme ne s'en approche au fond ?

Étrangement, les discours sont beaux,
les gens galants, mêmes si tous faux.
Les questions naissent, pas les réponses.
Le monde maintenant s'enfonce.

Entre le ciel monts et merveilles,
fausses joies et vraies lamentations.
Le salut est irréel,
une abondante déraison.

Lentement un ange descend du ciel,
les mains sur les yeux
et l'on voit s'écouler du sang
entre ses doigts fiévreux.

Il entonne doucement un chant,
qui rapidement devient fiel,
sanglant, il crache son sermon :
ce monde est cruel.

Une rose pourpre orne sa poitrine.
Il ne vient pas du paradis.
Il est le précurseur de la nuit.
Son règne n'est que ruine.

Parce que l'homme a en lui trop de haine,
pour que la non-violence l'enchaîne
l'infini ne dure parfois qu'un instant.

Alors, la terre se met à trembler.
Les morts sont déterrés.
De barbaries en croix gammées,
la haine va de bon gré.
Et ce, même si à la tombée du jour,
certains feront encore l'amour.

Ensemble de pourriture nauséabonde,
de déchets, d'abats vomissant,
de cauchemars et de vers gluants,
l'homme est un amas de détritus immonde.

> Comme un soleil qui se meurt,
> comme dans ces nuits où j'ai peur,
> comme dans ces rêves et toujours,
> comme dans ces fausses histoires d'amour…

> Le démon couvert de soir,
> revient me tuer de son cauchemar.
> Ses dents et ses griffes, acérées,
> vont encore vif, m'écorcher.

Le voilà, brandissant ses lames brillantes,
d'une lumière pourtant absente.
Ses coudes pénètrent en ma poitrine,
sur les murs se tracent en sanguine,
les formes inachevées de souvenirs exhumés.

Alors, compressés par une masse stridente
les os se broient, la chair s'éventre.
Puis jaillit des veines la surfine odeur
et je m'effondre en répandant,
un bouillon de drames tourbillonnant.

Pétrifiant et désolant cadavre en décrépitude,
riant à la folie, jusqu'à l'éclat, par habitude.

Mon visage déchiqueté,
mon crâne ensanglanté,
quel triste spectacle,
que de croire aux miracles.

Les tranchées qu'il terrasse,
en mon être et mon vécu,
me laissent au matin des traces,
dont la vision brouille la vue.

Les gémissements angoissés,
d'un espoir oublié,
grondent alors révoltés,
pas de quartiers.

A nouveau s'ancre la vie,
la lutte reprend pour une nuit.

Jamais, jamais, jamais,
obscure n'aura été si sombre,
aucun baiser plus pénible,
que celui d'une bouche sibylline,
aucune amante plus vicieuse,
que la mort est rieuse,
**aucun désastre plus vivant,**
**qui ne tende au néant.**

## à la grâce de Dieu

Quand sulfureux vient de souffrir
et l'air se pâme à en périr,
se pâme de ce venin dont les vipères
vous envient la langue mes frères,

un Dieu vengeur vient sans rancœur,
choisir dans l'ombre ses sombres tueurs.

Écouter pour apprendre,
étudier pour comprendre.
Réaliser avec peine
le règne de la haine.
Théorie du blasphème.

Silence.

Les visages de cire, ternes et vides
des statuettes aux yeux clos,
prient en cœur, délire de dévot,
un Dieu par trop invisible.

Comment chanter et danser
au milieu de cette cène,
quand s'élève en sang le monde entier,

A vous tous, semblables éplorés,
je crie,
soyez heureux d'être épargnés par sa bonté.
**Parce que, si Dieu existe :**
**Il est cynique.**

# Sans Importance

De ces incontournables silences,
ces compagnons de route, pas d'aisance,
ces princesses dorées dont l'attente
fut bien plus longue que plaisante.
Cette sincérité, mets de choix,
que je ne dévorai pas à chaque repas.
De ces petits pincements qui m'ont bloqué,
quand je ne donnais pas pour partager.
Ces sourires - appel - délivrance - Stop !
Je donne révérence sans être salope.
Ces faux pas, mauvaises directions,
emboîtées en tellement d'occasions.
De toutes ces petites choses sans importance,

qui ne comptent qu'au-delà de l'errance.
Ces pages noircies tant de fois,
au gré du vent, des pas à pas.
De tous ces regrets d'une jeune ignorance,
je m'éloigne sans grande espérance,
sans illusions, ni préférences, parfois,
juste par acquit de conscience.

# War

La nuit ferme lentement mes yeux,
l'univers devient brumeux.
*J'entends la pluie, j'entends la pluie.*
Dans les arbres sont pendues les ombres,
des soldats sortis des tombes.
La colère gronde, la colère gronde.
Des hommes prennent les armes, les fusils,
le monde saigne au rythme des cris
*et personne ne rit, plus personne ne rit.*
Mes frères se meurent pour n'être prisonniers,
dans leurs pleurs, je les sens rêver.
*J'entends leurs cœurs battre.*
*J'entends leurs cœurs battre.*
Le feu sacré brûlait nos entrailles,
nous étions braves, fort de cette bataille,
enfin libre et fier d'en mourir.
Mais la nuit ferme lentement nos vœux,
l'univers devient brumeux
*et j'entends la pluie,*
*plus personne ne rit...*

# LUMIÈRES MORTES

Jeu dangereux dont tous s'amusent;
Jeu dangereux.
Nul s'en accuse.

*En bas sur mon trottoir,*
un bonhomme sans âge, sans espoir
observe le froid vieillir son corps
*en attendant je ne sais quel sort.*

Scène de vie, délivrance vaine,
bref sursis. Espérance humaine !

Des jours entiers passent sans pitié, des jours entiers,
pour nous rappeler, une image, un sourire, une lumière ;
un funambule qui sombre à terre.
Jeu dangereux, la lumière brûle.
Jeu dangereux, le fil ondule

*En bas sur mon trottoir,*
un bonhomme sans âme, dérisoire,
qui attendait je ne sais quel sort,
*vient de trouver enfin la mort.*

Et loin de tout, loin de vous, je sais,
qu'un jour à mon tour, j'irais,
*attendre l'oubli lorsque s'éteint la piste*
*des lumières mortes de l'illusionniste...*

# Paradoxe

Oublier dans le métro,
mes délires de schizo,
ces phobies de parano.
Perdre mon temps mon argent,
en des sourires galants,
hypocrites, pédants.
Devenir intello
par une plume, un pinceau,
ou mon alter ego.
Dériver sous le poids
de mes beaux sentiments,
juste au gré des gens.
S'imager sans paroles
des rêves cave pour sous-sol,
parce que la vie désole;
puis n'être qu'ombre dans l'instant,
se dérober gentiment,
comme mes frères, ces passants.
Être seul dans un rien
qui croît tous les matins ;
et que certains nomment "destin".
Désespérer d'une âme sœur
qui se rappellerait que le bonheur
était une de nos mœurs.
Et là, ne trouver que débâcle
de prophètes et d'oracles
quand s'unir c'est s'abattre :
en un mot : *psychopathe*.

# L'enfant sans âme

Il a perdu son cœur, sa vie,
dans cet enfer sans sortie,
maintenant plus question d'oublier
combien fut horrible son passé.
Pour la société c'est un fou,
qui ne se soucie de rien du tout ;
Dans son esprit en verres brisés,
il veut juste ne plus se rappeler.

*Il hurle tous les soirs,*
*crie son désespoir,*
devant les blessures de son âme.
Il les appelle au secours,
mais tous restent sourds,
lui seul voit se dresser les armes.
Il a donné toutes ses nuits,
pour ce qu'il appelle son pays.
Il n'en sera jamais remercié ;
il n'est même plus respecté.

Il voudrait bien vivre comme avant
avoir une femme, des enfants,
mais au plus profond de la clinique
sans cesse revient l'apocalypse.
Sans cesse, il revit le drame
voit revenir les flammes
*et dans son crâne résonnent ces bruits*
*qu'ils nomment, ici, crise de folie.*

# Empire de désolation

Odeur d'acier.
Temple sacré.
Les chenilles écrasent et éventrent
au gré de ceux qui les enchantent.

Dans la fuite pour la liberté,
on rencontre souvent la mort.
Il n'est qu'une seule vérité :
l'homme est un être sans pitié.

**En allant chasser le dragon,**
**le petit s'est fait tuer.**
Devant l'horrible démon,
son tort fut d'espérer.

L'enfant est mort, l'enfant est mort,
ses parents l'ont vu mourir,
mais il n'aurait jamais dû vivre.
Chacun sa mort !

Et on brûle pour le prix du sang
des innocents, parfois des gens,
on tue pour le goût du rang
ses éventuels concurrents.

La nuit tombe sur un ciel de feu
que la pluie épongera demain
et on oubliera purifié et serein,
les événements de ce matin.

On dormira à nouveau,
on obéira à défaut,
de voir grandir ce frêle infant,
qui naquit un jour de printemps ;
**PARCE QUE LE ROUGE EST AVANT TOUT,
SUR CETTE PLACE, LA COULEUR DU SANG.**

# Pour le bien de l'HOMME

Il est tard dans le laboratoire.
Un silence à s'y méprendre,
règne dans le couloir.

Entre deux gémissements étranglés,
est-ce une porte que l'on entend grincer ?

Bel univers de cage et de grillage
dans lequel il attend bien sage
qu'on vienne lui arracher un râle,
pour une exigence immorale.

Peut-être lui crèvera-t-on un oeil cette fois...
On ne lui ôtera pas vraiment la vie ce soir,
juste ce qu'il faut pour amortir l'anesthésie.

De toute façon, on porte déjà,
ailleurs, son deuil...
***Ce n'est qu'une bête, pas une personne !***

Viol, haine, guerre, prostitution...

Quelle autre création de l'homme,
peut nous élever au rang des Dieux ?

Quand règne ce délire sans nom
me rendant simplement honteux
de ne pouvoir briser la prison
des ces animaux, dits "sans raison".

# SANS COMMENTAIRE

Façon dix-huitième
du sol au plafond,
héritage d'un énième,
comte ou baron.

Les yeux fermés,
il tremble de tout son être.
Le pas mesuré,
les pensées honnêtes.

Déjà trois mois,
qu'ils se fréquentent.
Il est son roi,
elle sa galante.

- Rien ne nous séparera jamais,
par dessus tout, je t'aimerai.

"Tu dois connaître mes parents,
ils te trouveront sûrement charmant."


Agréable et attentionné,
serviable et plaisant à parler,
Il fait bonne impression, c'est sûr,
tout brille sur lui, jusqu'aux chaussures.


Manger avec soin,
faire le fin palet.
Parler de tout,
surtout de rien,
mais être passionnant à souhait.


- On se revoit demain ?
"Je t'attendrai."
- Je leur plais bien…
"Je te le dirai."


Ma fille,
ce jeune homme nous ravit.
Il présente bien, plutôt joli,
bon langage, un certain style…


Mais quel métier exerce-t-il ?


Mère, il est éboueur…


**Mon Dieu, quel déshonneur !**
**Et dire qu'il a mangé ici, j'en ai déjà du souci !**

# Le vieil homme

*Si tu devais m'abandonner un jour,*
*je mourrais à la vitesse dont meurt l'amour...*

Lueurs sans feux,
malheur des Dieux.
Antre aux anciens pouvoirs magiques,
que personne, jamais, n'habite.

Il plane,
il plane sans âme,
sans âme la fleur se fane.

Le temps s'écoule,
passe sans pitié.
Le temps s'écoule,
vite... oublié.

**Il est perdu,**
**comme il pleurait,**
**il est perdu et il le sait.**

Sa vie lentement vient d'arriver à terme,
comme la lumière, assombri, il devient terne.
Il savait qu'elle ne voudrait,
mais peut-on vraiment dire "jamais"...

Le temps s'écoule,
comme il pleurait,
tout est perdu et il le sait.

# Solution fatale ?

La vie s'ouvre au soleil,
mais rien n'étincelle,
dans l'ombre d'angoissants cauchemars
que ravivent les infos du soir.

Cette étoile si lourde à porter,
renaît dans les mémoires blessées,
couvre les murs du quartier.

De douleur en souffrance,
la corde se balance,
comment chasser des souvenirs
les odeurs de brasier, ou pire.

Tant de drames,
de larmes versées,
que trop semblent oublier.

Aux Egyptiens souverains,
ils usaient déjà leurs mains.
Ô, fureur, désastre de tes tueurs,
ils pleurent encore les leurs.

Aux Français de demain,
devront-ils leurs liens ?
Des cimes et abîmes d'horreur
ont écrit leur histoire.

Des cimes...
que dire, que voir,
si ce n'est de l'aigreur, des pleurs,
en cette journée de printemps,
où le vent, dans un chant funèbre,
laisse ressurgir des ténèbres,
une profanation hors du temps.

# La Liberté

*Ecrit pour mon ami Boris P. 1990*

"Vous reviendrez me voir lorsque vous aurez vécu !"
—Je reviendrai, puis il se tut.
"Je pourrais, peut-être alors, songer à vous aimer !"
—Ma chère amie, dans ce seul but je vivrai.

Durant des mois et des années,
on put le voir chevaucher,
Du cap soleil, aux monts glacés,
il alla, comptant les étés.
De la ville souterraine,
aux riches maisons hautaines,
il alla comme un roi,
ou un mendiant sans toit.

Il alla, il alla si bien,
qu'il en devint raffiné et serein,
appréciant tant la solitude du matin,
que les couchers d'étoiles sans fin.

Vivant simplement de son esprit et de ses mains,
il oublia même ce rendez-vous lointain.
Lorsque le hasard le ramena par ici,
il revit celle qui jadis berçait ses nuits.
"Vous n'êtes jamais revenu, je me suis mariée…"
—Ma foi, je crois avoir de trop vécu
pour pouvoir encore vous aimer !

Puis il s'en retourna, à la ville, au bois, là,
où tout homme devrait aller goûter,
avant qu'une douce vertu ne lui emboîte le bras,
**la joie de vivre en pleine liberté.**

# Ma quête

S'il m'est donné de trouver les mots,
d'achever cette tâche sans repos,
j'irais loin sur une terre d'Eden,
où j'en suis sûr les gens s'aiment.

Hors de ce monde hypocrite et cupide,
couvert de haine, de regards insipides,
j'irais au pays des gens heureux,
des gens aimables et généreux.

Là, où les arrière-pensées sont inconnues,
où l'honnêteté n'est plus vertu.
Là, où me mène au gré de sa vue,
l'amour, qui me manque plus que je ne l'eu crut.

# TROISIÈME PARTIE

# Sentiments d'Amour

Entre chaque note, derrière chaque mot, l'artiste se cache,
se rassure, se trouve. Il laisse libre cours à un monde de
désolation, de crainte, d'amour.

N'existant qu'à travers le regard des autres, il devient
dépendant. Alors, pour ne pas cesser de vivre,
il souffre et s'offre encore plus.
Il attend, s'offre, souffre, aspire à tous les sacrifices
pour que son rêve s'accomplisse, mais ne reçoit rien en
retour, parce que rien n'égale ce qu'il peut donner.
Au cœur de son tourment, l'incertain le hante, jusqu'à
ce qu'un jour il trouve ou retrouve son semblable,
l'être pour qui il traversait le temps et l'espace.

A cet instant plus rien ne peut l'arrêter. Il ose, côtoyant
l'âme de l'éternel. Il prend son véritable envol. Il vit !
Puis meurt, las de s'être constamment trompé...
d'avoir déjà tout donné.

*Et là, tous, au fond de nous, misérables devant sa
dépouille, regrettons de ne pas l'avoir simplement aidé.*

# Demain la vie

Demain déjà, demain je crois,
la lune doucement s'évanouira,
*sans autre envie que de n'être plus là.*

Ses doux reflets se dissiperont,
comme on se disperse sans raison,
en souffle absent de nuits sans tons.

Demain, là-bas, sans un sourire,
sans voix, j'avancerai, froid,
*sans autre envie que de n'être plus là.*

Fruits de cette folie qui anime les démons,
mes désolations en chant s'élèveront,
et sans réponse, les anges tomberont.

Demain, seul, sans idées de retour,
j'emprunterai le chemin des peines d'amour,
*sans autre envie que de n'être plus là.*

Préférant mille morts aux doutes du quotidien,
*je prierai pour que tes choix*
*soient meilleurs que les miens.*

# Pas une vie

*"Nul n'est plus malheureux que le bon,*
*conscient qu'il périra par le mal."*

Il y a des choses qui passent et des choses qui s'effacent.
Il y a des gens qu'on aime, est-ce bien ça, la haine ?
Il y a des gens qui meurent et certains qu'on regrette.
Il y a des gens qui pleurent,
il y a des gens... Peut-être !

Glauques et figées sont les soirées,
l'angoisse ne cesse telle une déesse funeste
d'ici, fauchée sont blé.

Ce film est une mauvaise histoire
et la salle bien trop noire, n'est rien d'autre qu'un sous-sol,
un balcon, une terrasse, pour regarder en face,
prisonnier d'une camisole;
un monde sens dessus dessous,
où l'on erre sans-le-sou, sans jamais être compris
même par n'importe qui.

Des nuées dénuées, ont dérivé dénudées,
mais ce film de vie, reste inachevé.
En l'attente d'une rencontre fortuite,
qui m'offrirait dans le sien une place gratuite,
je vais, sans joie aucune, au-devant de mon infortune.

*"N'est-il d'ordre que pour finir en chaos ?"*
*Malheur à ceux qui pensent de trop...*

# facile et délicat

Le brouillard, fier et conquérant,
règne en maître malfaisant,
sur le sentier qu'emprunte ma peine,
quand l'aurore n'est plus sereine.
Tel un mendiant sans grand destin,
je vais et viens, j'aspire sans faim ;
je cherche une âme pour me choyer...
Il faut bien des desseins pour exister.
Mes yeux se noient d'émotions retenues,
j'aimerais plonger dans ce tréfonds d'immonde.
D'obscurité maintenant perdre la vue
et ne revoir qu'à la fin du monde.


Bien étrange est le lien qui se tisse,
autour des gens, de leurs malices.
L'amour, entre-deux,
souvent s'immisce,
si l'on ose ses délices...


Les plus beaux amours restent souvent inavoués.
Les plus sots amours restent souvent inachevés.
*Est-il trop tard ou trop tôt,*
*à quoi sait-on qu'un amour est faux ?*
Les pires maux sont hélas ! les plus évidents...
Il me faut bien plus que du temps.
Aimer parfois, peut sembler si facile et si délicat,
lorsque l'un des deux ne vit que pour ça,
et qu'il ignore si on le voit ...

---

# Souffle

**Fragile,**
comme une feuille verte en plein automne.
**Sensible,**
comme une brindille que le vent cogne.
**Frêle,**
comme le moucheron dans le grand ciel.
**Cruel,**
comme l'abeille morte en défendant son miel.

Le temps s'égare sans grands égards,
je ne serai bientôt plus que brouillard.
Un brin d'herbe sans surprise
en attente d'une terre promise.
Un courant d'air vagabond,
n'ayant d'abris qu'en l'horizon,
prenant son plaisir à bercer,
les ailes tendres de la fée.
Une figure errante, au hasard,
d'un retour, d'un regard.
Une larme, dont l'unique espoir,
est de rencontrer dans sa chute un mouchoir.
Faible, comme la rose qui pointe seule
quand le gel devient son linceul.
Une infinité de poussières, qui respire la misère.
Un nuage, un reflet,
une substance qu'on ne connaît.
**Un souvenir, un regret ?**
**ça, je ne le saurais jamais !**

# scène

Je ne suis qu'un vieux clown qui pleure sur scène,
un vieux pantin, que plus personne aime.
Je ne suis qu'un vieux clown, qui va, qui s'traîne,
sans vous la vie, c'est plus pareil.
Je ne suis qu'un vieux clown, qu'éteint sa peine,
juste un vieux clown qui meurt sans scène.

# CHACUN SA PLACE

Ma demoiselle, vous êtes si belle dans vos dentelles,
Que si j'osai, ma demoiselle... Je serais fidèle.
Mais hélas douce demoiselle, je ne perçois dans vos sourires,
que cette horrible gêne qui me déchire.

L'amour, je crois, n'est rien qu'un sombre songe,
interdit à ceux dont l'ombre
dévoile des faces laides et brisées,
par ces beautés qui prétendent aimer.

# Bref

Cruel dilemme
que de vous aimer comme je vous aime,
cas de conscience omniprésent,
sais-je réellement ce que je ressens.
Plus l'amie est belle, plus l'amitié est un problème.

L'homme à des instincts
et très souvent malsains.

# Mélodie

Mélodie
fait un petit air de nostalgie,
comme ferait une chanson
pas finie ;
une chanson qui serait ma vie ;
une chanson qui dirait
sorry,
je t'aimais mon amie…

# La princesse
# aux choix dormants

Comme le ciel,
parfois triste
à ces heures soudaines,
dresse d'étranges images,
s'ouvre à de nouveaux paysages…

Comme la flamme, toute nouvelle,
s'offre à de longues veilles,
d'ambre et d'ombres, douceur, belle,
revêt soies, voiles et dentelles.

Comme la nuit, le jour grisonne ;
la vie, au présent se chantonne.
Simples et brèves pensées sans mystère,
dont se remplissent tant mes vers.

L'inconnue, songe décors,
mène mes pas loin de la mort ;
parle d'amour et d'impromptu,
sans dévoiler vraiment ses buts.

Belle, amour, sombre peine,
Prince charmant dont la reine
tient sacrement dans son sommeil,
ne veut point voir malgré l'éveil.

Comment trouver les mots,
comment te faire comprendre
que je ne suis pas de ces sots
qui veulent juste te prendre.

Dans cette étrange éternité,
le prince ne compte plus les années...

*On aime parfois bien plus qu'on ne le suppose,*
l'être conscient refuse l'évidence des choses,
les sentiments parlent, les mains traînent,
les décisions aussi ; juste les tiennes.

Je n'ai d'avenir, pensées sereines ;
que dans l'espérance, fût-elle, même, vaine,
de ce jour où, bonheur suprême,
je le sais,
on s'aimera comme je t'aime.

# La Femme qui me hante

Comme le vieil arbre mort, tendant ses bras vers le ciel.
Je me dresse en lambeaux, face à l'éternel,
n'espérant guère plus que le repos d'un tombeau.

*Parfois je rêve*
*à cette femme que j'aime,*
*qui m'aime.*

Cette femme dont je connais
la douceur de peau,
dont je dévore les yeux,
dont je m'enivre l'âme
en son somptueux parfum,
dont je devine les courbes,
sans en connaître les seins.

Cette femme,
dont le visage me hante
dont je ne connais que l'absence.
Cette femme, dont le sourire joli,
m'a d'ores et déjà ravie.

Cette âme égarée, ce cœur perdu, que seul,
à travers l'apparence qu'elle voudra se donner,
je pourrai, à jamais, de mes songes et
de mes baisers, combler
du plaisir qu'elle me refuse,
en s'enfuyant, le jour levé...

# Succints murmures

*Je t'aime.*

Étrangeté, mêlée de haine.
Dans une prière où se rejoignent nos mains
et les caresses se font surins.
Quitte-moi du regard,
quitte-moi, je t'en prie.
Mène-moi hors du noir,
mène-moi loin d'ici.

Bien au-delà du désir
ou de toute autre emprise.
Devient froide banquise,
que j'ai la force d'en finir.

Ne pose plus sur moi ces yeux larmes
blêmes et pâles comme mon âme.
Épargne-moi tes égards de sens
si souvent inculpés,
ils n'ont plus le moindre sens
pour un homme fatigué.

Berce-moi de paroles,
quand tu brises mon corps
l'amour me désole,
je ne ferai plus d'effort.

Épargne-moi dans les chaleurs du square
ces regains de jeunesse et d'espoir.

Ma vie s'efface... Loin d'ici.
Ma vie s'efface... C'est fini

Quelquefois, le soleil disparaît
et le loin apparaît trop près.
Me voilà, étreint dans tes ailes,
*alouette fugace et des plus infidèles.*

Volte-face dont tes voluptés
savent si bien jouer,
bien loin de te punir,
*je vais céder,*
et à la suavité de tes baisers,
*à nouveau tout te pardonner.*

# Pluie

Je voudrais simplement savoir,
s'il fera beau dans son regard,
lorsque je me perdrai loin de son trottoir.

Savoir si la pluie bercera de son souffle,
ses voisins que je ne connais pas,
quand peut-être elle-même m'oublie déjà.

Savoir si elle me remplacera aussi vite
que l'été prend froid...

*Simplement, si elle pensera*
*de temps en temps à moi.*

# u

Broken, broken,
broken chain.
There's anything left u.

Can't u, can't u understand,
there's anything else true.

Cry, and cry, and cry, and pain.
Juste like make love with u.

Express, expressionless rain,
***there's anything in u ?***

# SERMENT MORTUAIRE

Passent les nuages, passent les orages,
mais une fois passé le rivage,
il ne reste plus qu'une image,
qui s'efface en prenant de l'âge.

Il y a tant de choses si rares,
sur cette terre aux mille visages.
Le sang goutte sur le tapis,
Je reste allongé sur le lit...

Comme une feuille morte
emportée par le vent,
mon âme s'évapore lentement.
Devant moi s'ouvre le néant.

J'agonise au chant d'une sirène,
et mon cœur crie et saigne,
du tendre souvenir d'une femme
qui m'...Haine.

*Je viens d'apprendre que pour souffrir,*
*il ne faut parfois qu'un souvenir.*

Il ne règne ici que le silence,
d'une nuit sans sa présence.
une aventure sans romance
où soufflent d'insaisissables errances.

Comment en suis-je arrivé là,
je sens ma main sur ce corps froid.
J'ai dans l'arrière-gorge ce goût amer
qui vous emmène droit en enfer.

Jusqu'aux portes d'insensées, impudentes
s'ancre ma peine, devenue démente,
dans ce dédale devenant croissante,
elle sacrifie aux temps passants,
insipides et angoissants
mon rêve éteint,
maintenant mourant.

Jadis, tu m'apportas la vie
*aujourd'hui je te promets à mort,*
*d'être ton mari, et de t'aimer encore.*

# Post

*Post...post...post...post,*
font les pas d'un désolant reproche.

La faiblesse d'une mémoire incertaine
m'emplit de détresse quand mes yeux t'aiment.

Mais même si mes rêves te songent toujours,
l'aurore leur efface tout amour.

Quand le soleil s'élève et franchit la colline,
il se déverse sur mes lèvres un goût d'abîme.
Les larmes parlent, ma langue trébuche,
dans mes bras, sombre un ours en peluche.
Présence funèbre de ton image,
dans cet immense lac sans rivage...

De morbides chansons en saisons obscures,
Je veux être aimé et que ça dure.
Renaître, sombrer, être averse en terre brûlée,
**ombre ou éclat pour juste t'apprendre parfois**
**que j'ai simplement besoin de toi.**

# Aquarelle

La nuit m'emplit de son trépas,
senteurs du soir et bruits de toi.
L'absence est accoutumance,
malsains les longs silences,
quand mes yeux lentement se noient.

Mes vers se perdent empreints de froid,
l'enfance hier, demain j'sais pas.
*L'amour est plus qu'espérance,*
*j'ai tant besoin d'aisance,*
*pour t'éclairer, toi qui ne me vois.*

La lune si ronde, blonde même le jour,
reste inféconde à cet amour
ne semblant comprendre mes poèmes,
telle une frêle et belle aquarelle,
elle fleurit tout ce que je sème,
mais ne voit jamais comme je l'aime.

# Obscurité

Bonjour à toi obscurité ma vieille amie,
je viens te saluer encore une fois cette nuit.
La lumière enfin disparue, ne laisse de traces,
qu'en odieuses grimaces.
Je ne viens pas pour confesser erreurs ou péchés,
mais pour savourer la froideur de tes baisers.
Tu me parlais jadis, quand se faisait le soir,
dans la douceur d'un songe aux images noires,
de *cette femme amour, au ravissant regard,*
*qui bercerait mon âme, changerait mon histoire.*
Mais il n'est ici que fantômes et miroirs,
auxquels seule ta venue peut empêcher de croire.
Aussi viens-je quémander, réconfort sans égards,
dans ces bras que tu m'ouvres,
quand je t'étreins de désespoir.

# L'Elfe

Le Poète, prêtre du vers,
revêt son habit de poussière.
La nuit délivre son ambre noir.

*On couvre son corps,*
*on ne cache pas son âme.*

Doté d'un autre regard,
il défierait le sort,
pour être choyé d'une femme.

Mais l'amour nuit à ceux qui l'inspirent,
à la mort, seul règne, il aspire.
Une ombre glisse, blême,
il n'est que le reflet de lui-même.
Le jour viendra, ambré de mille mystères,

*Le jour viendra,*
*où il s'éveillera...*
*Il espère.*

En un instant, il flirte avec son trépas,
en cet instant où je m'échoue, comme là...
Aurais-je eu tort d'espérer aussi.
De bonheur, je semble à jamais banni.

L'esprit de l'air, doucement, m'a conquis,
*mais l'Elfe est chimère... Reste la vie ?*

# PRÉFÉRENCE

Si j'avais pu choisir l'endroit de ma naissance,
ce fut ce lieu où les silhouettes dansent,
qui je le crois, aurait reçu ma préférence.

Si j'avais pu choisir ce vent qui berce mes pensées,
je l'aurais pris alizé et tendrement orangé,
pour que son soleil le trouve familier.

Si j'avais pu choisir ma langue et ma couleur,
l'une des deux serait mangue et l'autre fleur,
pour mieux lui apprendre la douceur.

Mais il n'est rien de tout cela
et son monde est trop loin pour moi ;
trop loin, là-bas, comme cette chaleur
qui n'a de flamme que dans mon cœur ;

comme tous ces mots sans raison ni sens
qui n'ont pas plus d'échos que d'aisances,
quand mes pensées restent en partance,
pour son pays ; ma préférence.

Alors, la pluie m'appelle et me mène,
là, où les soleils levants s'éteignent,
*puis j'attends seul dans sa traîne*
*espérant ce rêve où elle m'aime.*

# Confidences

Une ombre traîne sur mon visage,
comme la lune sur le paysage.
J'aimerais t'écrire plus que moi-même,
mais je ne sais même si je t'aime.

Il ne me reste pour tout souvenir
que quelques mots et un sourire ;
bien peu de choses, voir, presque rien,
qui rendent si longs certains matins.

Ma confidentielle étrangère,
si loin de mon cœur est ta terre,
trop loin de mes yeux, pour mes vœux,
phobies, chimères et larmes aux deux.

L'astre me souffle que pour toujours,
maintenant mes jours seront sans amour,
sans abri, sans certitude,
si ce n'est que la vie, c'est solitude,
regards mouillés par l'impuissance,
et phrases sans guillemets, ni présence.

Un lourd rideau d'encens s'avance,
sur l'angoisse de mes peines immenses,
où d'évidence, ces confidences
n'ont déjà plus, ni droits, ni chances.

# Poëme

Un soir où l'angoisse crépusculaire
quêtait les âmes au teint amer,
j'ai pris cette route qui mène dans l'ombre,
au pays d'où fleurissent les tombes.

Lançant au ciel un dernier regard,
je lui cédais mes plus précieux poèmes,
n'attendant plus ni amour, ni gloire,
d'un monde couvert de chrysanthèmes.

Entraîné dans une ascension
troublante et vertigineuse,
je vis la mort fière et rieuse,
croupir de toutes ses déjections ;
tandis qu'une étoile, belle et fragile,
couvrait de larmes cette scène sibylline.

Et puis là, comme par enchantement,
ses traits soudain se transformèrent,
m'ouvrant lentement des bras d'infant,
ses yeux sur moi devinrent plus clairs
pris dans ses charmes, cédant au désir,
je me lançais pour la saisir...

*Quand la belle effrayée, devenant fée,*
*d'un seul geste parvint à s'envoler...*

Lentement, je me suis alors abaissé
j'ai recueilli ces vers
que le vent avait dispersés,
et j'ai crié au ciel
qui venait de s'annoncer,
qu'un jour j'irai le détrôner !

Comprenant enfin que
même lorsque l'attente ne semble finir,

*la distance à l'amour ne nuit,*
*que pour l'agrandir...*

# BALLADE

Ballade,
ballade toi petite fleur de bonheur.
Danse,
danse et chante à jamais dans mon cœur.
Va
et ravive cette flamme depuis si longtemps éteinte,
efface et passe le témoin de mes amours défuntes,
mais n'oublie pas, fleur charmante n'oublie pas
que mon chemin est maintenant le tien.

*Ballade,*
ballade toi, petite fleur dans mon cœur.
*Danse,*
danse, et nourris mon espoir, non mes peurs.

# Pas encore

Tombe
la lune ronde, pleine, sur terre féconde
l'âme et la verve blonde, des poètes innonde.
Je ne suis pas encore mort, pas encore mort,
pas encore.
Longue
la chevelure, d'astre et d'ange fondent,
en un désastre succombe, la fange ou sombrent mes songes.
Je ne suis pas encore mort, pas encore mort,
pas encore.
Lente
imprenable et absente, la reine dance en silence,
berce mes nuits, mes démences, ma frêle inconstance
Peut-être un jour...
Peut-être un jour, juste une seule fois,
juste un jour.


*Je ne suis pas encore mort, pas encore mort,*
*pas encore.*


Vrai,
ce monde si réel, friand de nos facondes
n'est pas plus dur que la tombe, réservoir d'immonde,
où jadis à grandit mon esprit en sursis.
Vie
limpide et incisive, au fond de moi, de tout, chérie,
*je m'ouvre à toi, à tes envies, je n'essaie pas, je m'accompli.*
Je ne suis pas encore mort, pas encore mort, pas encore mort !

# Vendredi Vingt

*S'il est vrai que l'amour rend aveugle,*
*de tous mes sens je porte alors ce deuil.*

Un chemin s'est ouvert à l'horizon,
abattant toute raison dans son sillon,
emportant dans ses doux aquilons,
toutes envies de songer à un autre nom.

C'est au firmament du désespoir
qu'elle m'apparut vendredi soir,
les cieux venaient de tenir promesse,
en faisant de cette muse une vraie déesse.

Alors, sans plus tarder, la fleur nouvelle
puise en cette essence pour devenir ma belle
et tandis que la vie en elle vient s'incarner,
je me complais à l'y mirer.

Son regard à la fois si rassurant
et par instants si froid, si distant,
me rend faible, éperdu,
tant apeuré qu'elle soit déçue.

Cet incommensurable amour me dépasse,
atteindrais-je un jour sa grâce,
je m'imagine si difficilement
lui exprimer ce que je ressens.

J'aimerais qu'elle soit avant tout mon amie,
me consacre chaque jour, chaque instant,
ou bien plus simplement,
m'accorde un petit coin de sa vie.

En agissant ainsi,
je commets certes une imprudence,
mais je place en elle toutes mes espérances,
sachant bien que pour rallumer ma peine,
elle n'aura qu'à se faire lointaine.

##  Déclaration

Tandis que le printemps déploie
ses voilures enchantées,
un chuchotement de lune semble rallumer
les oiseaux endormis, des contes de fées,
aux ramages étoilés, aux duvets dorés.

L'archer d'or se fait chevalier.
Mi-homme, mi-cheval ailé,
il brandit une flèche aux multiples reflets,
splendeurs d'amour, d'un hymne encensé.

Un étrange et merveilleux sentiment me gagne.
*Si seulement les mots n'avaient aucune importance,*
*de ma flamme mes yeux content et témoignent,*
*lorsque mes vers perdent leur aisance.*

Peu m'importent les empires, les images de richesse,
l'existence ne m'offrirait que des détresses,
si tu fuyais, hors d'ici, de mon âme
où, en secret, j'ai fait de toi ma femme.

La nature resplendit d'une beauté nouvelle
et je m'émerveille à en perdre l'esprit,
devant un ange aux douces ailes,
par qui je viens enfin à la vie.

Ce parfum, dans tes yeux,
cette lueur et ce feu ;
tendre voie aux charmes cachés,
prélude d'un grand péché.

Doux souffle éperdu,
d'une lèvre frêle, égarée,
tentation faite d'inaperçu,
et qui pousse à s'abandonner.

le vent souffle dans les voiles
qui recouvrent les formes dénudées,
d'une femme qui devient une fable,
lorsqu'elles parviennent à s'envoler.

J'aime la légèreté d'une chevelure soyeuse,
ces moires glissantes, vaporeuses,
qui laissent en prise à mille détresses,
l'œil qui refuserait l'ivresse.

Les murs se font sans plafond,
tout semble fruit de déraison,
quand le plaisir se fait soupir ;
il faut se taire pour punir.

Monde sens dessus-dessous,
dont le prix est souvent tabou,
ton effleurement progressif,
mène au lieu décisif.

Étrange église, temple sacré,
qui d'un tremblement peux chavirer.
J'aime ce toucher indescriptible,
qui poursuit lentement ses cibles.

Ces douces collines parcourues de frissons
dont l'image sublime s'affirme à l'horizon,
quand s'associent et miroitent,
arbrisseau et forêt moite ;
cette amazone dont je ne connais la source,
mais dont enivrante est la bouche,
ces cimes, ces monts, ces abîmes,
causes de mes fièvres ou de mes ruines.

# Les charmes de l'encens

Longuement murmurés, rapidement savourés.
Ouverture vers l'infini, des plaisirs de la nuit.
Sensation de plénitude, déroutante habitude.
**Bonheur complet ? Satisfait.**

Expérience étrange, mets à l'orange, à ne pas prendre frais.
Oublier l'entourage, violemment briser sa cage,
comment expliquer ce qui ne se dit pas,
ce qui, à peine, parfois s'entrevoit…

Sa voix est sensuelle, profonde la prunelle,
je me donne en offrande, à deux yeux en amandes.
Il se dégage de l'air une charmante atmosphère.
Enivrante chaleur, succombante moiteur,
sous ce corps onduleux, semble vivre un serpent,
qui m'invite, me siffle de prendre place en son site.

L'envie d'y renoncer est forte,
mais si tentante est cette porte.
Au début ça ne paraît rien,
mais lentement, on y revient.
Ils sont chaque fois plus plaisants,
*les charmes de l'encens,*
Chaque fois plus gourmands,
*les charmes de l'encens,*
mais aussi chaque fois plus grisants,
*les charmes de l'encens...*


# Fée

À toi la fée, qui descend de l'azur
j'aimerais conter, plus qu'un chant, un murmure :
La brève histoire d'un homme qui rêve
à peine de quoi faire rimer tout un poème.

*À toi la fée, mon Ange, mon tout, mon seul amour,*
J'aimerais confier cette flamme qui brûle chaque jour,
d'un feu si ardent, que le temps,
lui-même, de l'éteindre se défend.

À toi la fée, silencieux mes baisers,
viennent sans crainte déposer, les fleurs, les parfums
que seuls les grands desseins savent inspirer
en une caresse, un regard, un refrain.

**À toi la fée, mon Ange, ma muse, mon seul amour**
il m'est si facile de clamer ma joie, ma peine
des sentiments humains, fidèle du premier jour
que seules ressentent les non-humaines.

Laisse-moi t'embraser astre du jour,
vient m'apprendre que les mages ont plus d'un tour,
que la lumière elle-même sans ombre peine,
**que bien plus que nul autre tu m'aimes.**
**Que bien plus que toute autre, je t'aime.**

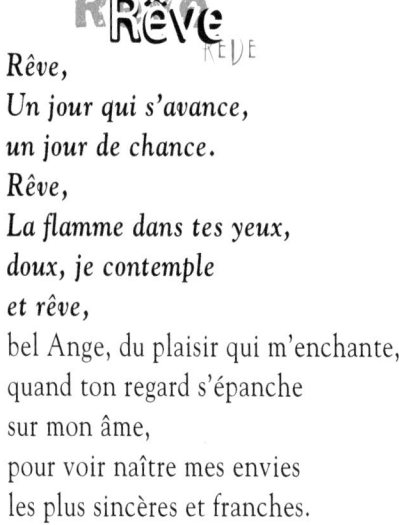

*Rêve,*
*Un jour qui s'avance,*
*un jour de chance.*
*Rêve,*
**La flamme dans tes yeux,**
**doux, je contemple**
**et rêve,**
bel Ange, du plaisir qui m'enchante,
quand ton regard s'épanche
sur mon âme,
pour voir naître mes envies
les plus sincères et franches.

Ce rêve,
tendre et brillante,
pendant lequel tu me désarmes,
m'encre à la réalité,
d'un bonheur auquel,
avec toi, je veux à jamais
m'adonner et céder.
*Rien n'est facile, je sais.*
*mais ta vie subtile, tu sais,*
*je veux la vivre pour de vrai.*

Bel ange, dans ton sourire si merveilleux,
les cieux m'ouvrent à des sentiments nouveaux,
parfois même audacieux.

J'ose, j'ose enfin et à quel point,
dans ce cœur chaud et ivre
du bonheur d'être simplement là,
chaque fois que j'entrevois ton âme,
me sentir vivre,
vivre, juste pour moi.

Un premier pas s'impose, je sais.
Un premier pas vers toi. je crois
qu'il doit venir de moi.
Rassurante confiance, je serais partenaire
de tes vœux, de ton corps, si,
délicates mes avances
trouvent échos dans la danse, intense
que ta bouche, sans frontière, m'invite à embrasser.

Je veillerais sur nous deux,
pour le meilleur et même mieux.
Les pétales de mon âme s'envolent,
au brasier de tes yeux,
vers des cimes d'amour,
qui croissent jour après jour,
pour nous blottir, enchaînés, encore et toujours

*Rêve,*
*Un jour qui s'avance,*
*un jour de chance.*
*Rêve,*
*La flamme dans tes yeux,*
*doux, je contemple*
*et rêve.*
*Rien n'est facile, je sais.*
*mais, ta vie subtile, tu sais,*
*je veux la vivre pour de vrai.*

Comme si le conte de fée
d'un seul coup m'éveillait
comme si l'amour, le grand,
pour nous vraiment, existait
à porter de nos mains,
si l'on ose le serment
d'avouer que l'on est,
**même en rêve, des amants,**

## MÊME EN RÊVE, DES AMANTS.

# Sentiments d'Amour

Sentiments d'Amour
SENTIMENTS D'AMOUR

S'aimer juste un instant,
abattre les portes du temps.
Toucher le ciel,
quand tu me prends dans tes yeux.
Manger ce miel,
que l'on ne mange qu'à deux.

C'est une étrange sensation,
comme frôler l'horizon,
mais aussi un manque immense,
quelque chose qui dérange.
On dit parfois que c'est mortel,
Maintenant,
je sais que c'est bien elle.

# Genèse

lueur, aurore, astre... Les jours
passent et passent encore mon amour.
Croire en toi, croire en moi
indéniable complice,
la confiance va de soit.
Un autre rêve, un plus beau rêve,
plus qu'un mirage, mon êve,
la nuit s'achève,

---

et mon baiser sur tes lèvres,
enfin, m'éveille.
La vie réelle, bien plus belle,
en tes yeux, ton odeur, mes sens,
bien mieux, que tous, que toujours,
me rendent meilleur, ardemment
comme le feu, pour nous deux.
La libération est si simple,
il suffit juste de quelques mots,
d'une attitude, de délicatesse, d'attention,
l'attention que je porte,
le soin de t'écouter, d'apprendre
en ton cœur, tel un songe, une caresse,
cette douceur qui encourage la paresse :
l'amour,
l'abandon, que j'éprouve à mon tour.
Durant toutes ces années, enfin
ne plus essayer, avouer le mot magie,
qui fait battre les sens:
aimer.
je ne suis plus le même, je t'aime, je t'aime.
Si simple et si complet, pour la première
fois je sais, que tout se résume, espoir,
vie, rêve en un mot, mon âme, mon ange,
mon amour, le vrai.
Je ne l'ai jamais prononcé, jamais reconnu,
elles n'étaient pas toi, mon cœur s'est tu.
Une après l'autre,
les mêmes regards noisette,
le même sourire, mais pas l'esthète,

que tu fis naître. L'envie de vivre,
de construire, d'évoluer dont tu es maître
en mon quotidien, depuis
ce jour, n'est plus peut-être,
mais bien certaine, car mon instinct
enfin te voit, ne devine plus,
sait simplement, que
je n'aime que toi.
Les montagnes, les épreuves,
tout se franchit,
l'aventure de l'amour, n'a pas de prix
sens-tu ce cœur qui bat,
cet homme qui vit,
Je ne crains plus rien, car je le dis,
je t'aime,
je t'aime et vive la vie
que tu fais croître, qui n'est que tienne,
qui me rend fort, qui me déchaîne,
maintenant je parle, maintenant j'ose,
avouer le mot magie,
qui fait battre les sens
le mot qui me rend fort, car belle ma rose
mon ange, je soutiens ton regard,
je ravive mon âme,
et je deviens celui qui n'a jamais été...
Délivrance, de simplement aimer,
l'idée de vivre à tes côtés,
mon amour, ma christ, divine, mon ange,
je t'aime,
encore plus que je ne le rêvais...

# Impair & Cie

**Impérities,**
**rythment nos vies,**
**nos petits soucis,**
**nos jeux d'esprit.**

L'artiste aux âmes multiples
tous nos tracas abrite,
mais seul, toujours seul,
délire du cœur, exulte !

De toutes nos peines,
affres ou aubaines,
il crée un monde,
un univers, qui nous surplombe
et nous insulte.

Ses étoiles filantes
rythment nos amours absentes
de lueurs indécentes
qui d'un coup nous enchantent.

Plus rien n'a d'importance,
les joies, les souffrances
en cœur se dispersent,
éparpillent nos détresses
embellissent les averses
du bonheur qu'elles déversent

*Impair et cie, impérities*
plus rien n'a d'importance
quand c'est la vie qu'on veut pour danse
quand c'est l'amour que l'on encense.

*Je ne serais plus jamais le même,*
plus jamais le même,
plus rien n'a d'importance,
*aucune importance !*

## Je vole
## dans ma chute

Noir,
la pénombre, la tombe au désir se font ombres
du silence où l'homme tombe !
Voir,
le périple du nombre, qui court plus que ne vie
après l'essentiel, ses ailes !
J'ai perdu la vue, perdu la vie,
perdu mon temps, mais pas l'espoir, d'un jour voler,
*comme l'ange déchu,*
*voler, dans ma chute !*

Meurt,
monstre d'asphalte, démon d'argent, statut social,
juste le vent, donne de l'élan !
Cours,
petit homme, cours jusqu'à ta fin, jusqu'à demain,
je quitte ce jeu, je passe mon tour !

J'ai perdu la vue, la vie;
perdu mon temps, mon argent,
ce qui pour tous, compte tant,
mais j'ai conservé ma passion :

Je vole, car je suis un démon,
Le pacte, de mon sang, porte le nom !
La gloire ne m'importe plus,
je ne crois plus qu'en l'amour,
belle est la vie,
je ne crois plus en rien
qui ne soit d'ici
*car comme l'ange déchu,*
*je vole dans ma chute !*

Je vais, je viens,
rien ne me retient,
car rien ne me contient.
Je suis léger, je suis le vent,
je suis son souffle et le néant,
*je suis libre,*
*et comme l'ange déchu,*
*je vole dans ma chute !*

Les gens me croiront certainement fou,
certains diront, que je dois être soul
mais je ris, je ris bien plus que vous tous
*car comme l'ange déchu,*
*je vole dans ma chute !*

# Toujours, en vie !

Face à face, le miroir luit.
Face à face, tu me souris.

Fort et fier, surtout ravi,
la fièvre douce de l'envie,
est une puissance dont se nourrit,
le combattant, qu'enfin je suis
le survivant, qui voit, qui rit,
le conquérant qui croit en lui.

Le destin trouve son maître ici,
*je suis un homme qui croit et cri,*
*je suis un homme toujours en vie !*
*Toujours en vie !*

# Meilleur que jamais

Peut importe ce que j'ai pu être, dire ou penser,
ce que la vie m'apporte j'ai toujours dû le gagner,
envers et contre tous, le courage pour seule épée,
la société, la brousse, même rapaces, même carnassiers.

Je n'ai plus de remords aucun scrupule ou regret,
je ne change pas, je mords, on ne naît ni bon, ni mauvais,
je mène simplement une lutte, dont seul je profiterais,
généreux c'est désuet, ce que j'ai, je le garderai.

*Peut importe ce que j'ai*
*pu être, dire ou penser,*
*à présent je renais*
*meilleur que je n'ai jamais été.*

Peut importe ce que j'ai
pu être, dire ou penser,
à présent je renais
et nul n'y peut rien changer

# Introspection

Parfum de désir,
violence d'un sourire,
sibyllin par plaisir.

Ombres, danses, soupirs,
qui nous laissent au pire
l'envie de le revivre.

Chemin de pitance,
pour certain, pénitence,
apprends donc la patience,
car de toutes espérances,
un jour naît l'existence,
et la vraie délivrance…

*Au revoir et bonne chance*

# a posteriori

Les gens qui pensent
ne sont pas sains,
ils vivent les transes
de l'incertain.
Un monde sombre
qui chaque matin,
s'ouvre sur des tombes,
non des destins.

Les gens qui savent
ne connaissent rien,
certes ils sont sages,
mais dans quelle fin
doit-on souffrir mille et une morts,
pour de tous connaître le même sort.

De la raison on ne sait que faire,
la vie a bien assez de mystères,
pour que l'on gâche ses jours à parler,
laissons nos instincts s'exprimer,
de préférence, pour nous aimer.

# Dominique Delachaume

## VOUS A PRÉSENTÉ

# LES DIMENSIONS INCERTAINES
## #0 Impérities : Ouverture

*Venez découvrir les autres titres en exclusivité sur*
*www.ddeye.fr*

# J'en Suis Revenue Seule
## TOUS LES SACRIFICES DE L'AMOUR

En marge des milieux Asiatiques de Paris.
La vie et l'histoire d'amour de Li Lu, une jeune Chinoise
clandestine, face à des siècles de traditions et
une culture du silence que nous entretenons tous…

ISBN : 978-2-8106-2548-2

*Et Aussi :*

## Se Sentir Bien Pour Vivre Mieux
## Face À Soi-Même

*uniquement disponible en e-book*

## 3 Sites pour une Autre Vision du Service

### www.ddeye.fr

Art Numérique et Graphique, Tableaux, Fonds d'Ecrans et Services Gratuits, Démonstration de retouches Photo, Romans et Poésies, Les Dimensions Incertaines

### www.beaute-sante-vie.fr

Naturopathie et Conseils pour une Complémentation Responsable et Intelligente, Boutiques, Annuaire, Recettes de Cuisine Chinoise, Forum, Fiches, Guides.

### www.regardsetidentites.fr

Coaching et Radiesthésie pour vous permettre de reprendre votre vie et votre avenir en mains, e-book, Romans, Blogs, page FaceBook et Opportunités Professionnelles.

*www.ddeye.fr*

*Titres à venir :*

## LES DIMENSIONS INCERTAINES

#1 Arjuna : *Les Nantis du Vortex*
#2 Siegfried : *Le Destin des Simils*
#3 Satya_Sya : *Une Civilisation sans Âme*

Éditeur :
Books on Demand GmbH,
12/14 rond point des Champs Élysées, 75008 Paris, France

Impression :
Books on Demand GmbH, Norderstedt, Allemagne

ISBN : 978-2-322-03062-0
Dépôt légal : Janvier 2013